第 **1** 課

由冬至到新年

　　小朋友都喜歡「過年」，因為有假期，可以玩樂，還有「利是」逗。那麼，大家都知道新年的由來嗎？它有甚麼意義？

　　中國的新年又叫春節，它是以大自然的冬去春來作為新一年的開始，定在農曆「正月」（一月）初一日，所以年初一又叫元旦，「元」即是始，「旦」是陽光。這時春回大地，大自然重現生機，所以說：「冬去春來，萬象更新」，又說：「一年之計在於春」。新年，也是新的開始，大家共度新歲，當然要慶祝一下，互相道賀。

　　中國的少數民族深受漢文化的影響，絕大部分也和漢族一起共度春節。不過，一些少數民族也有自己的「新年」。

1

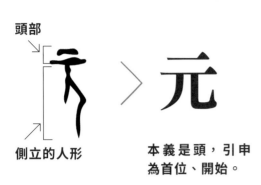

頭部

側立的人形

本義是頭，引申為首位、開始。

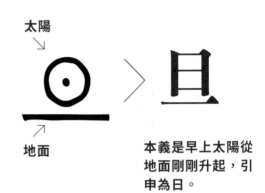

太陽

地面

本義是早上太陽從地面剛剛升起，引申為日。

元旦，即新歷第一日。

新曆新年（元旦）

1911 年辛亥革命之後，中國政府決定除了農曆的新年外，也將西曆（亦稱「公曆」和「新曆」）的一月一日定為「新年」和「元旦」，所以中國人現在每年都會慶祝兩個新年。一些少數民族如有自己的「新年」的話，那就會有三個新年了！

你有聽說過「冬大過年」嗎

　　古代重視農耕，民眾在辛勤耕作了大半年之後，到了秋天，農作物收成，跟著就是稍事休息的時間，所以「冬至」是農業社會的一個大日子，還有「冬大過年」的說法。冬至當天，大家慶祝收成，對天地感恩，一家也會團聚一起過冬，冬至因此成了「冬節」。今日，雖

然大部分的家庭都不再從事耕作了，但仍會團聚「做冬」。

由於冬至是一年中白晝時間最短的一天，冬至之後，白晝會漸漸加長，代表新一年的開始，所以比農曆新年更為重要。在二、三千年前，冬至曾作為「新年」呢！

「冬至」是指哪一天呢？

冬至是中國曆法中「二十四節氣」之一，一般在新曆 12 月 21 日至 23 日，當日太陽直射南回歸線，位於北半球的中國大地接收到太陽的能量最少。由冬至開始的三個九天，叫「三九」，共 27 天，是一年中最寒冷的日子，當中有「小寒」和「大寒」兩個節氣，跟著天氣回暖，迎接下一個「立春」。農曆的正月初一，就在立春的前後出現。

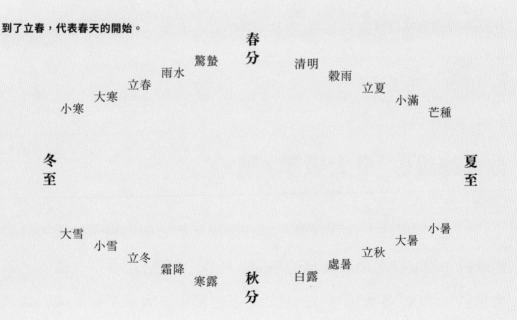

到了立春，代表春天的開始。

1

「冬至」有甚麼活動？

冬至的活動很簡單。古時候，人們會在冬至那天祭拜祖先和神明，之後，走訪親友送賀禮；晚上，一家人會在嚴冬中共進美食。

現在的做法，是全家人相聚做冬，一起吃晚飯，飯席上會吃湯圓，象徵一家人團團圓圓，和睦幸福；也有人用湯圓祭祖，或送贈親友。

湯圓象徵「團圓」，是飯後的甜點，其做法是用糯米粉加水揉成「麵團」，然後包入芝麻、蓮蓉、芋泥等餡料，搓成小圓球，再加水放湯而成，相信大家都吃過。

中國人怎樣「過」年？

中國人稱慶祝春節為「過年」，但過年不是一天，而是好一段日子，前後二、三十天，從農曆的十二月下旬開始，家家戶戶就要為過年作準備，在外工作或讀書的人也盡可能趕回家，最遲要在新年前一天的「除夕」返抵「老家」，與家人共同「守歲」，迎接「年初一」的來臨。初一之後，有初二的「開年」，初七的「人日」，期間都有很多活動，可以持續到正月十五日的「元宵」，那是另一個節日。

春運

今天的中國，有多少人在外地工作和讀書呢？大家同一時間都趕著在大除夕前回家，一時間，乘坐火車、飛機、長途汽車的人，還有乘船渡江的人，把飛機場、火車站、汽車站、碼頭、渡口都擠滿了，這就是中國的「春運」一景。回家過年時，有些家庭還會利用春假出門旅遊；春節之後，又是同一時間返回工作或讀書地點，前前後後 40 天。以每年春節跨境公共交通的人次計，可以達到 30 億，超過全國人口的兩倍！近年，隨著交通網絡日漸擴大，交通票務系統日漸先進，中國的春運壓力已經比從前緩和了。

人們怎樣迎接春節呢

農曆十二月下旬，中國人會把家中都打掃得乾乾淨淨，擺設賀年的花，再貼上「揮春」、「春聯」、「年畫」、「門神」等，讓房子喜氣盈盈地迎接春節的來臨。

人們會以整潔的儀容迎接新春，有些家庭更會添置新衣服、新鞋襪，以至新毛巾、牀單、枕袋、被套、桌布、門口地氈等。此外，每家都要預備招待親友的糖果、瓜子、水果等，以及擺放應節年

花，祈求好運。常見的年花各有不同寓意：柑桔代表好運、蘭花代表豐盛、桃花代表美好姻緣、幸運竹代表財富及福氣、水仙則代表財富。

迎春納福

春節納福的習俗由來已久，人們會在大門貼上「福」字，象徵「迎福」和「納福」，這是人們對幸福生活的期盼。有些人會將福字倒貼，取其「福到」（「倒」字的諧音）之意，如有些家庭會貼「倒福」在花瓶和米桶上，以免將家中的福氣倒掉。

新春佳節，家家戶戶都在大門上貼上「福」字。

寫揮春是春節的習俗之一

為甚麼要「貼揮春」呢

　　人人都想在新春期間，把「福氣」迎進家裡。所以，會在紅紙上寫上「龍馬精神」、「吉祥如意」等心願，然後貼在門前或屋內的牆壁上；又會把「出入平安」貼在門楣上，這叫「貼揮春」。

　　講究一點的家庭還會在門前貼上一對「春聯」，即為春節而寫的「對聯」。「對聯」以對仗工整、簡潔的文字表達思想、感情或願望，是中國人獨有的藝術形式。最流行的春聯是「天增歲月人增壽，春滿乾坤福滿門」，大家都一定見過。

年畫和門神又是甚麼呢

　　除了貼揮春和春聯，有人還會在新春期間貼「年畫」，以寓意「招

財進寶」、「大吉大利」以及「年生貴子」等。

　也有人會把一對「門神」貼在木門上，寓意有門神守衛一家，邪魔鬼怪不得其門而入。

常見的年畫，含意「花開富貴」。

「貼錯門神」

　據說，古時候，門神是刻在桃木板上的，他們面對面站著，像在互相打招呼的樣子。如果左右門神錯誤地對掉了，便變成背對背，互不理睬的樣子了。人們常用「貼錯門神」來形容兩個互相生對方氣、互不理睬的人。現在最常見的門神，相傳是唐太宗的兩名將軍秦瓊和尉遲恭；

據稱二人守衛宮門，保護唐太宗，後太宗命畫師繪畫二人之像，貼在宮門，之後在民間流傳開來，秦、尉二人便成了大家的門神。

他們是唐太宗的大臣，據說由他們站在唐太宗的宮門守衛著，唐太宗才能安睡。後來，唐太宗命人繪畫了他們的畫像，貼在宮門上，一樣能夠安睡。後來，人們仿照唐太宗的做法，秦瓊和尉遲恭便成了大家的門神了。

為甚麼會有年宵市場和「逛花市」

　　中國人習慣在年初一在家中擺放鮮花，祈求「花開富貴」。據說，花開得越燦爛，新的一年便會越富貴。花農在農曆十二月十六日過後，把鮮花集中到一些地方出售，名為「花市」。市民走訪花市，叫「逛花市」。

　　花市期間，也會有應節的年宵市場，讓民眾選購過年用品。逛花

市和年宵市場是中國人歲晚迎春的一種家庭樂，也為新年的來臨製造歡樂的氣氛。

香港「維園」年宵市場，聚集了數百個攤位，賀年貨品琳瑯滿目。

不同年花有不同寓意，如柑桔象徵好運、蘭花象徵豐盛、桃花象徵美好姻緣、幸運竹象徵財富及福氣、水仙象徵財富。

中國人在「除夕」會做甚麼

　　一年的最後一天叫「歲除」，歲除的晚上叫「除夕」。通常在農曆十二月三十日，也有在十二月二十九日。在除夕夜，一家人一同吃飯「別歲」，寓意「闔家團圓」。所以，無論多忙碌的人，都會在除夕前趕回家，吃這一頓有意義的「團年飯」和吃湯圓。

　　除夕之夜，傳統的習俗是闔家拜祭祖先。在過去，人們會在大除夕晚上不睡覺，直至過了年初一零時，叫「守歲」。

　　今日中國人過春節，在除夕的晚上還有一項大節目，那就是觀看中央電視台的「春節聯歡晚會」，簡稱「春晚」。春晚以文藝表演、笑語等為主要內容，雲集各族各地高手，在絢爛的舞台上各展技藝，娛樂全國民眾和世界各地華人，成為了過春節的標記和「新習俗」。

看「春晚」現已成為全球華人的「新習俗」

守歲和年獸

普通話的「歲」和「祟」同音。戰國《呂氏春秋》說古人在新年的前一天，會「擊鼓驅逐邪鬼」，句中的「邪鬼」，是指「年獸」。古代相傳，在除夕之夜會有「邪祟」的年獸出動害人，因此，一家人要團結一起，守住家園，以免被年獸侵害。據稱年獸最怕吵鬧，所以用「擊鼓」把牠嚇跑。這是「守歲」最初的意義。又據說，年獸還害怕紅色，因此長輩會在守歲前，給晚輩紅封包，包內有「壓歲錢」，用來壓住邪祟的年獸，令晚輩平安過渡到新的一年。

相傳年獸頭長生奇角，眼像銅鈴，而且非常凶猛。

中國人過「新春」會有甚麼習俗？

在「大年初一」，傳統的習俗會穿上新衣服，先向家中的長輩拜年，口中都說些吉祥話，如「萬事如意」、「身壯力健」等，長輩隨即派紅封包給後輩，祝福他們「快高長大」、「學業進步」等等。平輩間亦會互相祝福，互贈糖果禮包，一群親人圍在一起，吃糖果、瓜子、年糕，閒話家常，樂也融融！

在春節期間，親戚和好友會「拜年」、互相道賀。陌生人碰頭時也會彼此道賀。

春節的第二天叫「開年」，有「重新開始」的意思。這一天，很多人會在家中吃午飯。有些家庭會在年初一吃素，這天才開始「吃肉」。午飯之後，拜年活動便開始，婦女會帶同丈夫和子女「回娘家」，先向父母和娘家的長輩拜年，然後再到其他親友家拜年。

長輩給晚輩紅封包，表達了真切的祝福。

爆竹一聲除舊歲

據說，古人燒竹子以聲響嚇跑年獸，使之不再為禍人間，於是在新年燒竹子便成為習俗。宋王安石的「爆竹聲中一歲除」便表達了人們在新年燒爆竹迎新送舊。香港人在上世紀也習慣在新年期間燃放爆竹和燒煙花，但因人口密集，不慎傷人的意外很多，後於六十年代禁止。中國內地雖未完全禁止燃放煙花爆竹，不過也有限制。

王安石《元日》：

爆竹聲中一歲除，春風送暖入屠蘇（屠蘇是一種酒）。

千門萬戶曈曈日，總把新桃換舊符（桃和符都是指春聯）。

多年來，香港在年初二有「維港煙花匯演」，是全港市民一同慶賀春節的一個節目呢！

春節期間，有宗教信仰的會到廟宇祈福，有些廟宇會闢出部分空地，讓小販擺放臨時攤檔，售賣具特色藝術品或食品，或加插舞獅、歌舞表演等節目，讓人們在求神問卜之餘，增添節日的歡樂，俗稱「廟會」。有些地方會搭建戲棚演戲，答謝神明一年來的庇祐，廣東人稱為「神功戲」，北方人稱「社戲」，台灣人稱為「酬神戲」。由

於是給神看的，舞台要面向神，所以戲棚會面向廟門搭建。

春節有些甚麼特別的食物呢

　　春節的時候，中國人會做一些「油器」（即油炸）小吃，最常見的是「煎堆」，也稱「麻團」，裡面會加上蓮蓉等餡料，外面裹以芝麻使其香脆，以「煎堆碌碌，金銀滿屋」為其「意頭」；此外，還有笑口棗（寓意「笑口常開」）、油角（寓意「出人頭地」）等。

　　春節期間，人們亦愛吃各種糕點，如年糕、蘿蔔糕、芋頭糕、馬蹄糕等，寓意「步步高升」；其中年糕更有「年高」長壽、快高長大之

黃大仙祠是香港歷史悠久的廟宇，春節期間香火尤為鼎盛。

2

意，有的又會做成錦鯉模樣，寓意「鯉躍龍門」。

此外，北方人會吃餃子，因為餃子形狀如元寶，有「招財進寶」之意；上海、江蘇一帶，人們習慣在年初一吃糖水，糖水中有紅棗和蓮子，代表甜甜蜜蜜和子孫昌隆；廣東潮汕一帶，則有「年初一吃素」的傳統，以表達仁愛之心。

油角口感酥脆，層層分明，甜而不膩，是懷舊賀年小吃。

煎香的蘿蔔糕，外脆內軟，是最受歡迎的賀年糕點。

形狀如元寶的北方餃子

正月初七為甚麼叫「人日」?

　　年初七俗稱「人日」，因為在中國神話裡，「女媧」在這天造人，所以這天是所有人類的生日。在這一天，很多人會吃粥，粥和足同音，寓意「豐衣足食」。有人選擇吃「及第粥」，寓意「狀元及第」，能夠取得功名；也有人選擇吃含七種菜的粥，目的是根據每種菜的諧音，獲取吉兆，例如芹菜比喻「勤奮」，韭菜寓意「長久」等等。

少數民族也會過漢族的新年嗎?

　　中國的少數民族共 55 個，如壯族、滿族、蒙古族等，都是人數較多的族群，他們的新年基本上和漢族的一樣，主要的習俗也大致相

新年期間，蒙古族有拜訪親人、朋友的習俗。

同，如清潔院舍、貼對聯和揮春、除夕晚吃湯圓、拜祖先、給後輩紅封包等。此外，各族的新年也會根據其傳統而有自己的特色，如壯族會擊銅鼓、唱山歌；滿族會讓小孩子爬上櫃子蹦跳三下，以示新日子「蹦個高」；蒙古族居住於蒙古包的要走出包外祈天等。

少數民族的新年和漢族的日子相同嗎

　　中國西南地區有很多少數民族，他們的新年和漢族的不一定相同，如極古老的苗族有很多分支，不同的族群慶祝新年的時間都不一樣，但大抵都在秋收之後，即在農曆十月、十一月或正月不等。他們過年的習俗有些和漢族的大同小異，然後再加上自己的特色，如賽

藏族人有這樣的傳統習俗：繞著布達拉宮轉圈，以祈求菩薩保佑。

馬、鬥牛、對歌、吹蘆笙跳舞等。

在四川和雲南的彝族奉行「十月曆法」，即每個月有 36 日，以地球繞行太陽的周期而設定，每年過了 360 天後，餘下的五至六天就是「新年」，日子約在農曆十月。彝族「過年」時也吃年飯、祭祖、拜年（稱串家）。

在青藏高原的藏族會在藏曆正月初一過新年，其日期與農曆新年相差一天至一個月不等，其習俗也是打掃庭院、添置新衣、放煙花、拜年，再加上他們傳統的拜神、摔跤、跑馬、歌舞等。

在中國西北，有人口眾多的回族和維吾爾族，他們信奉伊斯蘭教，用阿拉伯的回教曆（在中國稱回回曆），回教曆和漢族的農曆一樣以月亮運行為基礎，但其新年是 7 月 16 日。不過，要注意的是，伊斯蘭教的教旨是過開齋節而不慶祝新年的。

如此看來，不同民族對新年的定義真的很不同；不過慶祝的方法卻是大同小異的。

由冬至到立春和過年，反映了中國人對大自然循環運作的一種「宇宙觀」，亦從而衍生出大家認為萬物都是「陰」、「陽」互易和交替出現的，也相信天地運行是「生生不息」的。這種宇宙觀深刻地影響了中國人的思維方式和人生哲學。

第 ② 課

多姿多采的情人節

　　春節的最後一天是「正月十五」，在漢、唐時期，這一天逐漸發展為「元宵節」（又稱上元節），是今天的中國「情人節」。此外，農曆七月初七的「七夕節」（又稱乞巧節），同樣被視為情人節。

　　中國西南地區很多少數民族也各有不同的情人節。

　　情人節這種說法是由西方輸入的。西方的情人節名 Valentine's Day，淵源於三世紀的古羅馬，那時有一個暴君克羅多斯（Claudius），為了徵召壯丁上戰場，一度禁止男女結婚。當時有一位修士 Valentine，偷偷為戀人主持婚禮，後被發現在獄中受折磨而死，那天是 2 月 14 日。人們為了紀念他，稱這一天為 Valentine's

3

男士一般會選擇送紅玫瑰給伴侶，象徵熱烈的愛意。

Day，也被視為情人節。男士在這天會送花給妻子或情人。這個習俗近年在中國也流行起來了。

愛情和親情一樣，是人際間最自然的感情，男孩子和女孩子長大後，會互相吸引、傾慕，而成為情侶和夫妻。愛情和親情都是維繫著家庭幸福的重要元素，人們在愛情中找到了甜蜜和浪漫，也在人生中找到了情感的依托。

情人節是給互有愛意的男女，互相表達其心聲的日子，讓他們在浪漫的氣氛中享受甜美的歡樂和憧憬。

和春節一樣，元宵和七夕等節日在日本、朝鮮等地都很流行，其中日本的七夕節也頗有特色。

在首爾南山公園的愛情鎖牆上掛上寓意永不分離的愛情鎖，是不少
韓國情侶慶祝情人節的方式，也是外國遊客必去的景點。

元宵節為甚麼又叫「上元節」？

中國人把一年分為三個階段，一月至四月叫上元，五月
至八月是中元，九至十二月稱為下元。正月十五日是上
元第一個月圓之夜，所以這一天稱上元節。

元宵為甚麼會變成情人節

　　農曆正月十五日是新一年的第一個月圓之夜，「元」指月亮正
圓，「宵」即夜晚，故稱元宵；在中國，圓月代表圓滿，所以要過了
正月十五日，才算過完年。那天晚上，大家盡情歡樂，在漢代成了
另一個節日；自隋唐時代，這一個晚上又是年輕男女夜遊邂逅的好
日子，也就成為中國式的情人節了。

元宵節是怎樣發展起來的呢

在漢代，元宵這一天多稱「上元」、「元夜」、「元夕」，其起源有幾種不同說法：一說是漢文帝成功平定了皇室的內亂，家家戶戶都張燈結綵，以示慶祝，文帝因此把正月十五日定為與民同樂日；另一說法是漢武帝在一次病癒後，在正月十五祭神感恩，通宵達旦，燈火通明；還有一說是東漢時，佛教從天竺（今印度）傳入中國，明帝信佛，下命在正月十五日晚上在宮內「燃燈表佛」，士族、庶民紛紛仿效，逐漸成為習俗。其實習俗很多時都是累積而成，各說因此並不一定互相排斥。

到了隋唐時代，元宵這一天演變成「鬧元宵」的「花燈節」。所以叫鬧元宵，是因為已到了春節的最後幾天了，大家都要盡情慶祝，於是元宵加上了一個「鬧」字。

傳統的中國燈籠是用竹子和宣紙製成的

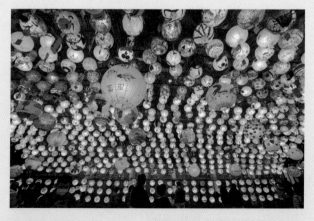

現今的花燈五花八門，各顯異彩，令人目不暇給。

元宵如何鬧法？

　　古代社會是有「宵禁」的，即一般民眾不可以在晚上隨便在街上走動。但元宵的前後幾天是例外，因此民眾都跑到外面活動，大街上人頭湧湧，還有各種表演及賣藝。這時官民同樂，大家盡情交往，是傳統較保守的社會中一個很特別的節日。

　　隋唐時，元宵夜遊已非常熱鬧，唐代的張祜在《正月十五夜燈》就有這樣的形容：

<blockquote>
千門開鎖萬燈明，正月中旬動帝京。

三百內人連袖舞，一時天上著詞聲。
</blockquote>

又如張蕭遠的《觀燈》：

<blockquote>
十萬人家火燭光，門門開處見紅妝。

歌鐘喧夜更漏暗，羅綺滿街塵土香。

星宿別從天畔出，蓮花不向水中芳。

寶釵驟馬多遺落，依舊明朝在路傍。
</blockquote>

　　當時男女缺乏交往的機會，而元宵燈節人流如潮，男男女女都可以參與賞燈、猜燈謎等活動，於是，在文人筆下，出現了一些男女在元宵節相識、交往的浪漫故事，元宵便成了中國人的情人節。

月上柳梢頭，人約黃昏後

中國詩詞中，有很多是描述元宵節的浪漫情懷的，其中最著名的是北宋大文豪歐陽修的《生查子·元夕》名詩：
去年元夜時，花市燈如晝。月上柳梢頭，人約黃昏後。
今年元夜時，月與燈依舊。不見去年人，淚濕春衫袖。

另一首是北宋詞人辛棄疾寫的《青玉案·元夕》：
東風夜放花千樹。更吹落、星如雨。
寶馬雕車香滿路。鳳簫聲動，玉壺光轉，一夜魚龍舞。
蛾兒雪柳黃金縷。笑語盈盈暗香去。
眾裡尋他千百度。驀然回首，那人卻在，燈火闌珊處。

元宵節有甚麼特色？

　　元宵節的最大特色當然是花燈和猜燈謎，明唐寅的《元宵》一詩便說：「有燈無月不娛人，有月無燈不算春。」今日在全國各地，元宵的燈會還發展出多種不同的特色，多采多姿，其中最著名的是南京的「秦淮燈會」。每年元宵節，秦淮河上的燈船如鯽，各顯風姿，其盛況全國皆知，有「秦淮燈彩甲天下」之譽。

　　此外，重慶市銅梁區的「龍燈會」以各式各樣的舞龍為主題。山

西、陝西等地區的九曲「黃河燈會」則以迷宮的佈局塑造特色的場景。在寒冷的東北哈爾濱，素以冰雕聞名，元宵節也就是冰燈節，題材有各種動物、雀鳥、花、器物、建築物等，構成一個璀璨的童話世界。

猜燈謎是指人們在紙上寫上謎語，然後把謎語吊在花燈上讓人猜。

元宵節還有很多習俗，包括踩橋、跳繩、放天燈、放火焰等，當然少不了祭天祈福、賞月和吃湯圓等等。

哈爾濱國際冰雪節是世界上活動時間最長的冰雪節，包含了新年、春節、元宵節、滑雪節四個重要的節慶活動，而市民在元宵節期間可以看冰燈、猜燈謎、祈福許願等。

燈籠上寫有謎語

為甚麼元宵節要踩橋和跳繩呢？

在古代，婦女只有在元宵節才可以自由外出走動。據說她們若在元宵節「踩橋」，便可以祈求健康、驅除百病。踩橋又稱走橋、踏橋、過吉祥橋等。朝鮮半島也流行元宵節踩橋，朝鮮人稱之為다리밟기。

這天，男女老少都可以在街上連蹦帶跳。孩子們跳繩時，會有歌聲和鼓聲伴奏，據說，可以祛病延年。這個習俗在朝鮮也很流行。

南方元宵節「點燈」

在中國南方、台灣及香港一些村落，有元宵節「點燈」的傳統。「燈」在粵語、閩南語、客家話及廣府圍頭話和「丁」諧音，「點燈」寓意「添丁」；因此，元宵點燈是向祖先稟告族中添加了新成員。做法一般是在族中的祠堂、神廳或者特別搭建的神棚內掛上花燈，花燈上寫上男嬰的名字，由族長代表向祖先稟告，接納男嬰為本族成員。點燈後，男丁的名字會被記上「族譜」，有權承受祖先產業，亦有義務承傳本族的文化，俗稱「繼後香燈」。

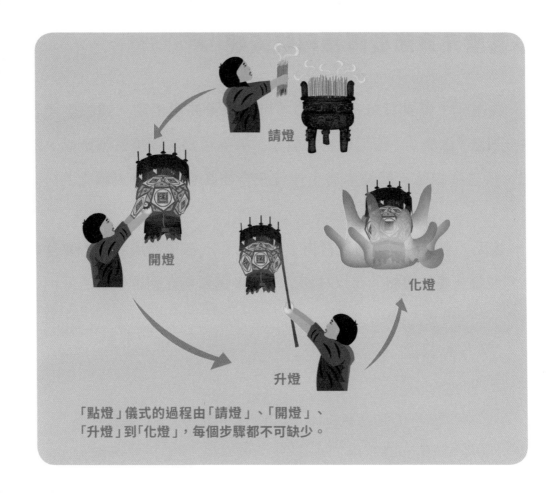

「點燈」儀式的過程由「請燈」、「開燈」、「升燈」到「化燈」，每個步驟都不可缺少。

元宵節有特別的食物嗎？

中國人在祝賀團圓、圓滿的節日，都會吃湯圓，所以在元宵節的主要食物是湯圓。在北方，元宵節的湯圓製法較複雜，將餡料放入盛載糯米粉的籮筐內搖來搖去，然後將兩者混成大圓球，叫「滾」元宵或「搖」元宵。吃的時候可以煮、炸、煎、蒸、烤，跟湯圓用水煮熟的吃法不同，比較多樣。

吃湯圓祈求團圓、圓滿，餡料多用黑芝麻、豆沙和花生等。

七夕節和元宵節有甚麼不同

作為情人節，元宵節帶來的是男女相遇的機會和邂逅的驚喜，這是元宵節的特色。七夕節則是歌頌愛情的堅貞，它是由牛郎和織女的故事產生出來的。

牛郎織女的愛情故事是怎樣的呢

這個愛情故事很特別，它起源於天文星象，再由文學家創造出來。

太空的銀河有無數星星，在其西北方和東南方各有一顆很明亮的白色星星，兩者就好像互相對望一樣。不知道為甚麼，在古代這兩顆星被稱作「織女星」和「牽牛星」，在每年的農曆七月七日（七夕）晚上，這兩顆星會特別光亮。

這兩顆星星首先在周代的文學作品中出現，《詩經‧小雅》有一首〈大東〉，說織女星其實不會織布，牽牛星也不會拉車。這詩是一首政治詩，諷刺一些居高位者虛有其名，不會做事，所以原來和「愛情」完全拉不上關係。不過，這首詩引起了大家對織女星和牽牛星的興趣，也將它們「人物化」了，牽牛星在後世更被稱為「牛郎星」。

在漢代，這兩顆星通過更多的文學想像，化為了牛郎、織女的愛情故事，織女還成了織布的高手。

牛郎、織女星是怎樣變為情侶的呢

那就全靠文學家的想像了。

西漢時，人們把牽牛星和織女星當作一對夫婦，他們雖被分開在銀河兩邊，但每年的七夕，便會有「烏鵲」搭「橋」讓他們相見。烏鵲搭橋的想像，反映了人們善良的願望，讓有情人能相會，即使是一年只有一次機會。

東漢時，詩人寫了一首詩，收錄在《古詩十九首》，詩句很美：

迢迢牽牛星，皎皎河漢女。

纖纖擢素手，札札弄機杼。

終日不成章，泣涕零如雨。

河漢清且淺，相去復幾許。

盈盈一水間，脈脈不得語。

分別在銀河西北方和東
南方的「織女星」和「牽
牛星」

　　這裡的牛郎、織女相愛相望而不能相會，令織女弄織布機織布，
一天也織不成一段布，十分淒美動人。後來，七月七日變成了「七
夕節」，在文人的手中，再衍生出各種不同的愛情故事，較流行的
有「董永遇仙」和織女為天帝之女等故事。這時織女變得非常聰明美
麗、多才多藝，因此女孩們會在農曆七月初七日凌晨，拜祭織女，乞
求一雙巧手，所以七夕節又稱為「乞巧節」。由於拜祭織女的都是婦
女，所以這天又叫「女兒節」。

穿上漢服的婦女們會在七月初七夜晚透過各種乞巧活動，祈求自己能像織女一樣有一雙善於女紅的巧手。

「乞巧節」的習俗是從甚麼時候開始的呢

　　七夕乞巧的習俗，在漢代已經出現了。《西京雜記》這樣描述：「漢彩女常以七月七日穿七孔針於開襟縷，人俱習之。」唐朝的王建在詩中這樣說：「闌珊星斗綴珠光，七夕宮娥乞巧忙。」可見，到了唐代，在七夕乞巧，已經成為習俗了。

「董永遇仙」是怎樣的愛情故事

　　三國時魏國的才子曹植，寫了一首詩《靈芝篇》，詩中描述董永是一個孝子，他因父親去世沒錢殮葬，把自己賣給別人做奴僕，換取

殮葬費，上天被其孝心感動，於是派七仙女幫助他。其後有作品稱七仙女以董永妻子的身份幫助他還債，織布百匹之後，便向董永坦白身份並返回天上。

民間又另有不同版本，說七仙女私自下凡與董永結為夫妻及協助他還債，但此事被玉皇大帝知悉，將七仙女捉回天上，夫妻二人的姻緣只維持了 100 日。

董永是真有其人的，他賣身葬父，被當地縣令舉薦為「孝廉」典範；後來其事蹟被編進「二十四孝」的典故中。宋代之後，歷代都有人把董永的故事，改編成戲曲。

湖北孝感市董永公園董永祠前的董永與七仙女雕塑

天帝女兒為甚麼每年只能見丈夫一面？

　　根據南朝梁殷芸的《小說》，在天河東邊的織女是天帝的女兒，她能夠「織成雲錦天衣」；天帝可憐她沒有伴侶，就把她嫁給天河西邊的牽牛郎。可是，她出嫁後，便不再織布了。天帝一怒之下，處罰牛郎和織女，要他們回復原來的位置，一個在東，一個在西，每年只准見一次面。

　　其實牛郎織女的故事在文學作品和戲曲中還有很多不同的版本哩！

> ### 七月七日長生殿
>
> 中國的詩詞有不少關於七夕節，其中唐白居易的《長恨歌》，便用了七夕述說唐明皇對死去的楊貴妃的思念：
> **七月七日長生殿，夜半無人私語時。**
> **在天願做比翼鳥，在地願為連理枝。**
> **天長地久有時盡，此恨綿綿無絕期。**

日本的「七夕節」是怎樣的呢？

　　乞巧節在中國各地都有不同的習俗，也影響了日本、朝鮮，以至東南亞的越南、菲律賓、馬來西亞、印尼等地，在各地又融入當地的

4

故事和風格。以日本為例，唐朝時，七夕節由中國傳入日本，並與當地的民間故事「棚機津女」結合。相傳日本古時每年 7 月 6 日傍晚，就有織女為解村民之災，會在水邊的紡織屋織布，製作神衣祭神，並等待神明到來結成一夜夫妻。後來七夕在日本演變成民間向牛郎、織女許願的習俗。

牛郎和織女在日本分別被稱為「彥星」和「織姬」；牛在農民眼裡是帶來豐收的吉祥物，而牛郎在七夕會牽他的牛出來，所以這天也是祝願豐收的日子。

日本七夕的重要習俗是在笹竹上綁上短冊祈願；此外，還會吃素麵和索餅，吃素麵因其看似織布的毛線，索餅是某位皇子生前喜歡的食物，因他死後作祟，故供奉索餅以平息災難，所以也有為未來一年消災祈福的含義。

每逢七夕，日本的寺廟神社或商店街中四處可見一張張彩色的短冊。

少數民族的情人節又是怎樣的呢

　　中國西南地區的少數民族很多都能歌善舞，在特定的日子，男女對唱或歌舞求偶，就是他們的情人節，其中苗族的「姊妹節」規模最大，壯族的「歌墟」是對唱文化的典型；此外，彝族、德昂族、土家族、白族等的情人節都很有特色。

苗族的「姊妹節」是怎樣的呢

　　苗族不同地方的「姊妹節」設在不同的日子，例如施洞一帶在農曆三月十五日開始；革東一帶在農曆二月十五日開始；一連三天，第一天是迎賓，第二天是主要活動，第三天是送客。

　　在節前兩天，苗族少女要準備好「姊妹飯」，那是一種彩色的糯米飯，黑、紅、黃、紫藍、白，各有寓意。

五彩飯：黑、紅、黃、紫藍、白五色糯米飯，深黑色象徵富裕殷實，紅色象徵村寨發達昌盛，黃色象徵五穀豐登，紫藍色象徵家鄉美麗如清水江，白色象徵純潔的愛情。

藏族「仙女節」

每年藏曆十月十五日，是藏族的「仙女節」，以紀念女神白扎拉姆。相傳女神班丹拉姆的女兒白扎拉姆與大昭寺護法將軍赤尊贊相愛。班丹拉姆知道後，非常生氣，她把白扎拉姆的臉變成難看的青蛙臉，把赤尊贊趕到拉薩河南邊的一座山上，令這對情侶無法相見，還規定二人只可以在每年十月十五日，隔河相望半支蠟燭的時間。這個西藏神話中的愛情故事，和牛郎、織女何其相似！

在「仙女節」那一天，藏族婦女會盛裝打扮，往大昭寺燒香磕頭，朝拜白扎拉姆和赤尊贊，祈求自己的愛情一帆風順。敬香的人會喝一種青稞酒，這酒據說被白扎拉姆祝福過，所以喝了會帶來好運氣。喝完青稞酒，人們會歌唱、舞蹈。如今的「仙女節」已經變成藏族的「婦女節」了。

在第二天的中午，到處設有長達四、五米的長桌宴，由婦女們招待各方來賓，桌上必定有「五彩姊妹飯」；席間，飲酒唱歌，午後姑娘們會穿上苗裝，戴上 7 至 20 斤重的銀首飾，來到踩鼓場，在蘆笙、鼓聲中跳木鼓舞，還會有巡遊、鬥牛等活動。除了本寨的人，還有來自他寨的小子，非常熱鬧。

少女們盛裝後手挽飯竹籃，邀約情人一起對歌、吃飯跳舞、互贈信物以至訂立婚約。晚上，家家戶戶都設宴招待客人，不管你來自何方，都會獲得熱情招待。飯後，年輕一代繼續到村邊對歌，直至深夜，如果遇到情投意合的心上人，姑娘會回家拿包成禮物的「五彩姊妹飯」送給情郎。

壯族的「歌墟」是怎樣的呢？

農曆三月初三，是壯族的「歌墟」，連續三天三夜，除了對歌，還有搶花炮、演壯戲、耍雜技、舞彩龍和彩鳳、唱桂劇等，很熱鬧。

壯族在歷史上有著名的歌手劉三姐，她有一個令人傷心的愛情故事。「歌墟」對歌前，人們會抬著劉三姐的神像遊行，祈求她賜予歌才，人人對歌如意。人們敬拜劉三姐後，才開始對歌，對歌的歌詞內容包括天文、地理、民族歷史、現實生活、生產知識等等，當然最重要的，是男女在對歌中彼此認識定情。

苗族少女在篝火旁載歌載舞

劉三姐

傳說劉三姐生於唐代，原叫劉三妹，廣西壯族人。她有著出口成歌的本領，不但歌唱的好，人也長的非常漂亮，天生麗質又聰明，甚麼活都不用學，一看就會。在她 17 歲這年在對歌的時候，認識了一位青年，也是一個唱歌能手，兩人在對歌中互相愛慕，並私定終身。可是村裡的一個惡霸卻看上了三妹。一天晚上，三妹正和小伙子坐在柳河邊上看月亮，忽然火把晃動，人聲鼎沸，原來是惡霸來搶人，三妹和小伙子無路可走，手拉著手雙雙跳進柳河那滾滾的波濤裡。

壯族膾炙人口的愛情故事：劉三姐和愛人投河而死。

其他少數民族有甚麼情人節嗎？

　　「彝族的六月六」也是情人節。相傳漢代的一個夏天，位於中國西南地區的彝族某處下了 28 天雨，把所有房屋翻捲，大地一片汪洋；到了農曆六月六日，萬里晴空，天邊出現紅雲彩霞，於是人人把濕透了的絲綢、衣物搬出來晾曬。自此以後，每年的六月六日，彝族人便聚集一起，祭祀山神、跳跳腳舞，又把漂亮的衣服拿出來晾曬，形成「六月六，曬紅綠」的風俗。當日彝族女子會盛裝打扮，和小伙子們情歌對唱。

　　雲南德昂族的「潑水節」是該族的新年，也是情人節、浴佛節和敬老節，日期是清明節後的第七天。節日之前，小伙子會編織漂亮的竹籃子，在晚上偷偷地將籃子送給自己的心上人。每個姑娘可能會收到好幾個竹籃，潑水節那天，她背的是誰送的竹籃，便表示她對誰有意了。在節日的清晨，人們會盛裝前往佛寺供佛，把清水灑遍佛像全

盛裝打扮的彝族

雲南德昂族在潑水節互相追逐、潑水

身。然後，由德高望重的長者手持鮮花，蘸水輕輕地灑向周圍的人群，向大家祝福；這時，人們互相祝賀新年；人們在象腳鼓的帶領下，排成長隊，擁向泉邊、河畔，唱歌、跳舞，互相追逐，盡情地潑水，不少男女就是在這個節日中互相認識而結成伴侶的。

瑤族的「趕鳥節」在每年農曆二月初一。相傳，很久以前，很多鳥兒吃掉農人播進田裡的玉米種子，於是人們用歌聲把雀鳥引上白頭山的石巖嶺上，令牠們不會傷害農作物。其後，這天山寨的男女青年都會穿上民族服裝，聚在山頭上對歌，從日出到月起。很多男女也就是在對歌中，確定了戀愛對象的。

第 ③ 課

中秋

慶團圓

　　中秋節是中國人家庭團聚的另一個重要節日。元宵是全年第一個月圓之夜，農曆八月十五日中秋節是第八個月圓之夜，當晚月亮距離地球最近，所以月亮是整年中最大、最圓和最亮的，中國人也會在這天闔家團聚，共度佳節。

　　月亮在人類文明中有一個很特別的位置，大自然的太陽和月亮帶給人類日和夜，循環不息，是人們研究曆法的重要依據。人們敬畏天地，因此很多民族都會敬月和祭月，並在想像中創造了各種神話。中國的中秋節也一樣，它源於祭月的活動，也有「嫦娥奔月」的神話故事。

月亮又常成為中國人傷逝、思鄉、寄情的對象。人們在夜中看到天上的月亮，皎潔而又寧靜，很容易就會思念故人、故鄉，又或發思古之幽情。這種望月思人思古的情懷，當然不一定發生在中秋節那天，但每逢佳節倍思親，中秋節還是特別會引發人們的各種感觸和思緒。

中秋節是何時開始的呢

中秋節起源於中國古代的「祭月」大禮，原來定在「秋分」，唐、宋時逐漸改在「中秋」，大家晚上一起「賞月」，成為今日的中秋節。

秋分也是「二十四節氣」之一，出現每年新曆 9 月 22 至 24 日左

《宋人拜月圖》（局部），古人虔誠地膜拜著天上明月。

右，這時太陽直射地球的赤道，白晝和黑夜各佔一半時間，故名秋分（另一個節氣「春分」也是一樣）。成語「平分秋色」的意思，也就是各得一半。

在古代的農業社會，每年到了農曆八月（新曆 9 月），農作物到了收割的時候，老百姓感激天地的賜予，由「天子」帶領民眾在秋分那天拜祭月亮，叫「夕月」。由上古一直到清代，代代帝王都要在秋分之夜舉行祭祀月神的大禮。

秋分那夜不一定月圓，而相近的農曆八月十五日則是全年中月亮最圓最亮的日子，所以唐、宋時，人們改在「八月十五」晚上祭月，也因為那天晚上的月亮最美麗，成為大家賞月的好日子。唐代民間賞月之風逐漸流行，到了宋代，正式成了「中秋節」。

北京月壇

現在北京的「月壇」是明朝嘉靖九年（1533 年）建造的，是為皇家「秋分夕月」而建的。除了北京的月壇，我國各地也遺存了許多「拜月壇」、「拜月亭」、「望月樓」的古蹟，可見民間的中秋拜月習俗流傳久遠。

北京月壇公園

中國人如何慶祝中秋節

　　中秋節是家人團聚的日子。在中秋月亮升起的時候，人們會在露天的地方放一張小桌子，將月餅、石榴、棗子等瓜果放在桌上，誠心拜月許願，祈求家人幸福，國家昌盛。之後，全家人圍著桌子一邊坐著聊天，一邊吃水果、點心、湯圓、喝茶、飲酒，一同欣賞月色。

　　中秋節最有特色的食物就是月餅。和「元宵節」一樣，中秋節也有掛花燈和猜燈謎。

吃月餅是中秋節的傳統，因此中秋節又叫「月餅節」。

「中秋吃月餅」是何時開始的呢

　　據傳月餅起源於唐代，那時朝廷在農曆八月十五日以餅賞賜群臣，逐漸變成了中秋吃餅的習俗。到了明朝，中秋節又稱為「團圓節」，人們用又大又圓的月餅拜月，象徵人月共圓。後來，月餅更成為中秋節饋贈親友的禮物。

　　也有傳說，元末群雄並起，朱元璋想聯合各抗元力量，推翻元朝，軍師劉伯溫想出妙計，把藏有「八月十五殺韃子」（蒙古又稱「韃靼」）的紙條藏在餅中，發送到各地的「起義」軍手中，相約在中秋當天，一齊出動，進攻元軍。這事一直在民間流傳，但在正式的史書中沒有記載。

　　中國各地的月餅是大不相同的，大致可分為幾個「派系」：廣式、京式、蘇式、潮式等，有外層不一樣的酥皮，內裡也有不一樣的餡料，體現了各地民眾對美食的不同口味和探索。

廣式月餅

京式月餅

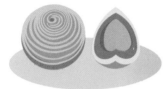

潮式月餅

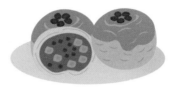

蘇式月餅

除了月餅，中秋節還有甚麼應節食物

在中秋之夜，人們還會吃應時的水果，如柚子、雪梨、楊桃、柿子等，也會吃用桂花製作的糕點、糖果，大人會吃花生、喝桂花蜜酒。夜深了，一家人圍在一起吃湯圓，表示一家團圓。此外，中秋節吃芋頭也是習俗，據說是感謝土地神，賜給窮人番薯、芋頭的恩德。

中秋節的「花燈」有甚麼典故

中國人在元宵節掛花燈，在中秋節也會掛花燈，兩者都是月圓之夜。大抵在唐代，中秋節掛花燈已成為習俗。北宋時，首都汴京（今河南開封）的百姓會把各種荷花形的花燈，放到汴水上，叫「燃燈」；在各大小店的門前，也會懸掛著不同形狀的明燈；在皇宮懸掛的大小

點亮中秋夜的花燈五花八門，其中兔子造型是經典的款式之一。

花燈，更是璀璨無比呢！和元宵節一樣，中秋節時，民間也進行「猜燈謎」的玩意。

宋代以後的中秋節那天，人們會用竹紮成鳥、獸、花等形狀的花燈，並在花燈中燃點蠟燭，掛在屋角或屋簷上。

中秋節還有一種具特色的「走馬燈」，又名「馬騎燈」，原理是在燈內燃點蠟燭，利用蠟燭產生的熱力令氣流上升，使輪軸轉動，而輪軸上有剪紙，當燭光將剪紙投射在屏上，剪影便會不斷走動。因為燈的圖像多以騎馬的武將為主，所以燈在轉動時，看起來就像互相追逐，故名走馬燈。

「嫦娥奔月」是怎樣的故事呢

嫦娥的神話故事可以追溯到商代，而且有多個版本，其中最流行的是說堯帝時天上出現了 10 個太陽，堯帝命后羿射下了 9 個。後

來，后羿從西王母那兒得到了「長生不死藥」，他把藥交給妻子嫦娥保管，但有一天后羿的徒弟逢蒙趁后羿出門，乘機脅迫嫦娥交出仙藥，嫦娥不肯，慌忙間把仙藥含在口中，逃跑時不慎吞下仙藥，之後，便不由自主地飛了起來，一直飛進月宮裡去了。

后羿射日的神話

后羿回來後不見嫦娥蹤影，便焦急地四出尋找，只見嫦娥站在月亮上的桂樹旁，后羿不顧一切地朝月亮追去，可是他向前追一步，月亮便往後退一步，怎麼也追不上。

「嫦娥奔月」之外，還有「月兔」和「吳剛」的故事，也有不同的版本。

嫦娥奔月的神話

月兔搗藥和吳剛伐桂

在傳說中，嫦娥的身旁有一隻兔子在搗藥，牠是兔仙的小女兒。兔仙在聽了嫦娥的故事後，覺得她獨自一人在月宮生活很可憐，決定把小女兒送往月宮與嫦娥相伴，並協助她搗藥。

此外，在月圓的晚上，我們仰望月亮，好像看到月亮上有一棵大樹的影子，樹影旁邊有個人影，這個人名叫吳剛。傳說中嫦娥很想回到人間，便叫吳剛伐桂給月兔搗藥，希望能夠配成飛升的藥物，飛回人間和后羿團聚。

吳剛伐桂與月兔
搗栗的傳說

嫦娥衛星系列

中國的探月衛星以「嫦娥」為名。2007 年，「嫦娥一號」首先成功發射，至今共五次，其中第三和第四次更分別搭載了名為「玉兔號」和「玉兔二號」的月球車。

「嫦娥一號」至「嫦娥四號」均以四川省的西昌衛星發射中心為基地，西昌別稱「月城」，據說在那處能看到特別大和明亮的月亮。2020 年，「嫦娥五號」改從海南省文昌發射，文昌的緯度低，可以令火箭在燃料不變的情況下攜帶更大的載荷，而且位於海岸，燃盡的火箭物料得以落在太平洋。

我國少數民族有甚麼賞月活動？

在中秋月夜，擅長騎射的蒙古族人，會跨上駿馬，在皎潔的圓月下，在草原上向西方放馬奔馳，直到月亮西下才停止，叫做「追月」。

藏人用的是藏曆，他們有自己的月圓節日，在藏人心中，月圓之日是吉祥的日子，許多宗教節日和賽馬節都選在月圓之日舉行。青年男女，會在藏曆的中秋月夜，沿著河流，尋找水中倒映的明月，名叫「尋月」。當他們把周圍河塘中的月影找遍了，便回家團圓吃月餅了。

壯族在中秋月夜，人民通過演唱，祭祀月神，名叫「請月」。他們在村頭村尾有樹的露天地方，放一張桌子，放置祭品和香爐；然後請月神下凡、神人對歌、卜卦算命、唱送神咒歌，送月神回天。

苗家和彝族在中秋節會跳集體舞，他們叫這活動做「跳月」。苗族青年通過歌舞，歌頌傳說中的水清姑娘和月亮的純真愛情，也希望通過「跳月」，找到心上人呢！雲南彝族各個村寨的男女老幼都會聚集在山村中的開闊地，激情地載歌載舞，青年男女還會對歌呢！

美麗的中秋詩詞

中秋是一個充滿詩意的節日，歷代文人寫下了無數的美
麗詩詞，這裡錄兩首最著名的讓大家欣賞。

唐李商隱《嫦娥》：

雲母屏風燭影深，長河漸落曉星沉。

嫦娥應悔偷靈藥，碧海青天夜夜心。

宋蘇軾《水調歌頭》：

明月幾時有？把酒問青天。不知天上宮闕，今夕是何年。

我欲乘風歸去，又恐瓊樓玉宇，高處不勝寒。起舞弄清

影，何似在人間？

轉朱閣，低綺戶，照無眠。不應有恨，何事長向別時

圓？

人有悲歡離合，月有陰晴圓缺，此事古難全。但願人長

久，千里共嬋娟。

還有一些和月亮有關的著名詩句，大家都聽過嗎？

唐王昌齡《出塞二首 · 其一》：
秦時明月漢時關，萬里長征人未還。
但使龍城飛將在，不教胡馬度陰山。

唐李白《靜夜思》：
床前明月光，疑是地上霜。
舉頭望明月，低頭思故鄉。

唐李白《月下獨酌四首 · 其一》：
花間一壺酒，獨酌無相親。
舉杯邀明月，對影成三人。

唐杜甫《月夜憶舍弟》：
露從今夜白，月是故鄉明。

宋王安石《泊船瓜洲》：
春風又綠江南岸，明月何時照我還？

第 **4** 課

端午
扒龍舟

　　端午節是中國人在夏天的最大節日，海邊、湖泊、江流等不少地方，都會有「扒龍舟」的大型群眾性活動，現場往往萬頭攢動，鑼鼓拆天，加上龍舟的破水聲和各種呼喝聲，熱鬧非常。

　　這個節日的起源和演變比較複雜，不能用一、兩句話說清楚；但不論如何，今日的端午節和紀念戰國時楚國的「愛國詩人」屈原的關係最大，而其最大的特色就是扒龍舟和吃糉（粽）子。

龍舟競渡

龍舟競渡的隊伍由數十至過百艘不等，每隊少者 10 至 20 多人組成，大型的可以更多，因此參賽人數可逾千。若想在龍舟競渡中脫穎而出，除了講求隊員的體能外，最重要的是划船的節奏和用力整齊劃一，這樣才能使龍舟迅速前進。否則節奏不定，龍舟不但寸步難移、東斜西移，甚至會有翻船的可能呢！

杭州西溪濕地的龍舟賽

端午節在農曆的五月初五，於二十四節氣的「夏至」前後。這時天氣炎熱，很多人在扒龍舟時會跳進水中游泳，洗「龍舟水」，據說會帶來好運。「端」是「初」的意思，端五就是「初五」，因此端午節也稱「重五節」、「五月節」、「端陽節」、「夏節」、「糉子節」等。此外，它又稱「菖蒲節」，這和天氣時令有關係；近年有建議稱之為「詩

人節」，那是因為屈原是中國歷史上第一個有姓名的詩人。

　　我們可以用幾個不同角度去了解端午節的性質：一是時令性的菖蒲節；二是紀念悲劇性的愛國英雄的節日；三是大眾同樂的龍舟競渡活動。作為紀念性的節日，不同地方的端午節又會成為紀念其他英雄的日子，甚至是嚴肅的祭日。少數民族的龍舟競渡不一定在端午節那一天進行，我們可稱之為「龍舟節」。

　　和中國其他傳統節令一樣，東亞其他國家和地區也過端午節，但和紀念屈原沒甚關係，不過一定有扒龍舟和吃糉子。今日扒龍舟在很多國家和地區也很流行，有各種國際性的龍舟競渡賽事，體育競技和娛樂的性質越來越高。

廣東佛山汾江河的龍舟賽

端午節和時令有甚麼關係呢

　　「夏至」前後雨水多，陽光盛，山林瘴氣上升，蛇蟲出沒，容易出現瘟疫，因此古人會在這時段進行防疫。人們把菖蒲葉和艾草捆在一起，插在簷下或家中放置，菖蒲和艾草會發出一種奇異的香味，令蛇蟲遠離家門；也有人會將昌蒲剪成劍形，把艾葉編成老虎形狀，表示有祛除瘟毒的強大威力。此外，據中醫學說，用艾草煮水沐浴，可以通經活絡，能夠增加抵抗力，減少染上瘟疫的機會。

　　人們還會喝「雄黃酒」，據說雄黃可以剋制「五毒」（蜈蚣、毒蛇、蠍子、壁虎和蟾蜍）和蟲蟻，因此，民眾會在家中四處灑雄黃酒，在小孩的面龐、耳鼻、手心、足心也塗一些雄黃酒，令蛇蟲不敢接近！不過現代醫學研究發現雄黃有一定的毒性，因此已不建議喝雄黃酒。

中國人在端午節有吃糭、用艾草煮水沐浴和喝「雄黃酒」的習俗。

　　有人會佩戴用草藥製成的香囊，草藥的氣味經口鼻吸入，有祛病強身之效，而香囊發出的氣味亦可以殺菌，令蟲蟻不敢接近。端午節因此亦稱菖蒲節，在端午時節防疫驅蟲，可能是其最早的源頭。

香囊

香囊是盛載香料的囊包，跟西方香水一樣香氣宜人。它以絲布包裹朱砂、雄黃、艾葉等香料，然後用五彩線弦扣成索，結合了中藥和布藝。據說香囊有避邪驅瘟的作用，因此人們會在「五毒」橫行的端午節佩戴香囊。五彩線又叫長命縷，據說是源自神話中的「鳳凰」身上的顏色，因此有祈福祝願的意思。

用朱砂、雄黃等香料
的香囊有驅瘟作用

屈原和端午節有甚麼關係呢

屈原是戰國時期的楚國貴族，被封為「三閭大夫」。當時列國爭雄，秦國最強大，他主張楚國和齊國聯合，對抗秦國；不過，楚王沒有接受他的建議，免去他的官職，還和秦王修好。在流放中，屈原寫下了憂國憂民的《離騷》、《天問》、《九歌》等著名詩篇，對中國文

學影響深遠。其後，秦軍攻佔楚國的都城，屈原痛不欲生，據稱在農曆五月初五，抱著一塊大石跳進汨羅江（位於湖南洞庭湖側），用生命譜寫了一首愛國詩篇。

屈原死後，楚國百姓非常哀痛，紛紛湧到汨羅江邊去憑弔屈原。據說漁夫們划起船隻，在江上來回打撈他的真身；有位漁夫拿出飯團、雞蛋等食物，丟進江裡，他希望魚龍蝦蟹吃飽了，不會去咬屈原的身體；又有人用樹葉包飯，然後纏上絲線，丟進江中，相傳這便是端午吃糭子的起源。

據說從此之後，每年的農曆五月初五就有了龍舟競渡、吃糭子的風俗。而在荊楚故地的湖南和湖北兩省，以龍舟競渡來紀念屈原的習俗最為顯著。

相傳屈原自沉於汨羅江

屈原的故鄉會怎樣過端午節

　　汨羅江是屈原投江殉難的地點，每年農曆五月初五，該地都會舉辦龍舟競渡。比賽前參賽者會點著香燭，抬著龍舟頭，先到屈子祠祭祀屈原；然後，才把龍舟扛下水。在一聲炮響中，眾艘龍舟便爭先競渡，岸上有成千上萬的觀眾在搖旗吶喊，場面十分壯觀。

　　湖北秭歸是屈原的故鄉。在端午節，龍舟比賽的起點在長江南

位於湖北秭歸縣鳳凰山的屈原祠，為紀念屈原而建。
此圖的屈原祠門前有端午節的裝飾。

岸，終點在北岸屈原祠，象徵把屈原的英魂迎歸故里。

相傳屈原流放途中，曾經在漢江邊徘徊；屈原一死，漢江地區便在農曆五月初五舉行龍舟競渡，出現「午日龍舟鬧江市，楚俗相傳弔屈原子」的習俗。清代詩人范鍇在《夢江南》中，這樣描述漢江的賽龍舟情況：「空江闊，競渡弔沉湘。片片彩旗翻浪出，咚咚畫鼓曳長風，看奪錦標強。」可見場面的熱鬧。

在屈原家鄉附近的四川省萬縣（現為重慶市萬州區），每年也有龍舟競渡紀念屈原。每艘龍舟上有七八十人，他們身穿同一顏色的衣服，在尖底狹長的龍舟上，跟著旗手的呼號聲，把龍舟迅速划到終點，以奪旗或搶鴨子告捷，成為突出的地區風俗。

如上所述，不同地方的端午節，也會用來紀念其他的英雄，例如浙江地區就有一個相類的故事，主角是愛國忠臣伍子胥。此外，一些少數民族地區也會用龍舟競渡來紀念他們的英雄。

伍子胥的故事是怎樣的呢

伍子胥的出現比屈原要早，他是春秋末期的軍事奇才，在吳國受到重用，被封為相國公。吳王夫差打敗了越國，越王勾踐投降，伍子胥建議一舉消滅越國，但是夫差沒有聽，後來還聽信讒言，以為伍子胥要謀反，便派人送給他一把寶劍要他自殺。後人因為敬佩和哀悼伍子胥，也在每年的端午節紀念他。

在杭州的錢塘江，人們在端午節進行龍舟競渡，並不是為紀念屈原，而是為了憑弔伍子胥。

端午節吃糭的習俗是怎樣來的呢

作為一種食物，糭子的出現可以追溯到 2,000 多年前的春秋時代，人們用菰蘆葉和竹筒包裹米食，是今日糭子的「原型」，後來糭子才成為端午節的「特色」食品。

隨著時代演變，糭子的形狀、餡料也不斷變化，種類越來越多，如在唐代出現了錐形、菱形的糭子，宋代出現了以水果為餡的「蜜餞糭」，元明時出現了用蘆葦葉包的糭子，清代則出現了「火腿糭」等等。

今日中國各地的糭子，在大小、形狀、餡料上各有分別，如個體較小的北京糭、鏟子頭形狀的湖州糭、長方形的嘉興糭等，其中嘉興糭是中國最知名的糭子。

香港常見的廣東糭的特點是「黏、軟、滑」，以個頭較大的裹蒸糭、鹹的鹹肉糭和甜的梘水糭為主，其中鹹肉糭常見的餡料有：鹹蛋黃、肥豬肉、冬菇、栗子等。梘水糭一般加入蘇木枝、紅豆蓉，又或不包餡，吃時多沾白糖或蜜糖漿。

不少香港市民的祖先來自內地各省，因此在香港可以吃到不同地方風味的糭子，如閩南糭、潮州糭、紅豆糭、綠豆糭、水晶糭等。

世界各地也有很多地方會吃糭子，且各有特色，如日本的「茅卷」是將磨碎的米粉包成長圓柱形、朝鮮的「車輪餅」是將米粉造成車輪形狀、柬埔寨的「布袋糭」是用布袋將各種材料一層一層塞滿再蒸熟。

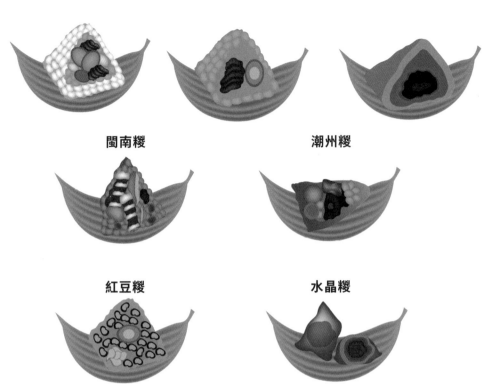

裹蒸糉　　　　　鹹肉糉　　　　　梘水糉

閩南糉　　　　　潮州糉

紅豆糉　　　　　水晶糉

日本的「茅卷」和柏餅

少數民族的龍舟節有甚麼特色？

龍舟節也在中國西南地區一些少數民族中盛行。

每逢農曆五月十六日至十八日，貴州苗族會舉行盛大的龍舟節。苗族的龍舟由一艘「母船」和兩艘「子船」組成，分青龍、赤龍、黃龍三種，龍頭用兩米多長的柳木雕刻而成，裝有一對龍角。苗族水手身著民族服飾，在栩栩如生的龍舟之上，手握船槳，隨著鼓聲，奮力向前。苗族的龍舟節有多重意義，它既慶祝插秧成功，又預祝五穀豐登，也驅旱求雨、驅邪厭勝，還祈子求嗣呢！

雲南也有自己的龍舟節。相傳在和唐代相若的南詔時期，義士段赤誠為民除害，與洱海出現的蟒蛇搏鬥，他用鋼刀殺死了蛇，但自己也葬身蟒蛇腹中。於是，每年農曆七月二十三日至八月二十三日之間，居住在雲南洱海附近的白族百姓，便會舉行龍舟競渡紀念他。洱海的龍舟是用大型木船裝飾而成，分為黃龍、黑龍兩種，每艘龍舟載60名水手。比賽時，岸上的觀眾很多，有人敲鑼打鼓和放鞭炮，非常熱鬧。

雲南龍舟

另有雲南傣族英雄岩紅窩，專為窮人打抱不平，因為不滿強權，投江而死。自此，每年農曆五月初五，德宏州地區的百姓，便會划龍舟在龍川江上祭祀岩紅窩，逐漸演變為龍舟競渡的習俗。

你知道扒龍舟今日的發展嗎

1980 年，賽龍舟被列入中國國家體育比賽項目，每年會舉行「屈原杯」龍舟賽。世界各地在端午前後也有舉辦龍舟競渡，如俄羅

**俄羅斯海參崴的
龍舟賽**

**加拿大聖約翰的
龍舟賽**

斯的端午龍舟大賽、美國的波士頓龍舟會、加拿大的多倫多國際龍舟大賽、德國的龍舟節等等。西方人把中國端午節叫做「龍舟節」（Dragon Boat Festival）。

香港自 1976 年起都會在端午節後的周末舉辦香港國際龍舟邀請賽，2010 年後成為「香港龍舟嘉年華」的一環。邀請賽分本地賽和國際賽，有來自 10 多個不同國家或地區，逾百支隊伍參加，人數以千計，是國際性龍舟競賽的盛事。

香港赤柱的龍舟賽

世界各地的人來香港
參加龍舟賽

第 5 課

慎終追遠的清明節和重陽節

　　祭祖是中國人重要的情懷和家庭活動之一，中國家庭會在冬至、除夕等日子「集體」祭祖，上文已介紹過了。自唐、宋以來，中國家庭也會在春天的清明節和秋天的重陽節祭祖，是為春、秋二祭。其形式是前往墓地拜祭，稱「掃墓」。

　　除了漢族外，滿、蒙、苗等很多少數民族也流行在清明祭祖。在一些國家如日本、法國、波蘭等，也有類似的掃墓習俗和節日。

　　中國人重視自己的根源和宗族倫理，敬重長輩和先祖。孔子說過：「慎終追遠，民德歸厚矣」，「慎終」是辦好父母的喪事，「追遠」是誠心地追念先祖，而掃墓就是「追遠」的表現。

帶上鮮花前往掃墓、拜祭先人，表達懷念之情，一般都是用黃、白菊花。

唐杜牧《清明》：

清明時節雨紛紛，路上行人欲斷魂。

借問酒家何處有？牧童遙指杏花村。

　　中國人在春天和秋天掃墓，這和中國古代官方進行春、秋二祭的傳統是符合的。古時祭祀之禮其實是由王室和官方開始的，當時春、秋二祭就是祭天地，一般在「春分」和「秋分」兩個節氣舉行。清明也是二十四節氣之一，大約在春分後半個月，在新曆 4 月 5 日或前後一天，它之成為掃墓的節日，和春秋時代起源的「寒食節」（早於清明一、兩天）有關。此外，在清明節前後，有農曆三月初三的

「上巳節」，那是一個不同的節日，但因有郊遊「踏青」的習俗，後來成為清明節的活動之一。在近世，我國政府又曾將清明節定為「植樹節」。下文都會為大家解說。

重陽節是農曆九月初九，即在中秋節後不足一個月的時間，時節已進入了深秋，天氣清朗，成為行山「登高」的好日子，因此它的本意原不在掃墓。不過，人們也會借登山出遊時祭祖掃墓，二者合而為一。此外，重陽節同時叫「敬老節」和「菊花節」。

說到祭祖，中國人自稱「炎黃子孫」，即是炎帝和黃帝的後人，因此歷朝都有祭炎帝和祭黃帝的「公祭」活動，成為「國家大典」；而同為國家級公祭人物的還有伏羲和孔子。這些活動以「祭黃陵」最為悠久和最隆重。

重陽節秋高氣爽，許多人會在當天結伴郊遊、登高。

寒食節為甚麼會變成清明節

　　春秋時期，晉國的晉文公為紀念恩人介子推，下令在介子推死的那一天祭祀他，所有人都不准生火煮食，所以叫「寒食」節或祭。介子推是一個志行很高的人，民眾敬重他，所以也祭祀他。後來，也祭祀其他品德高尚的「賢人」以及自己的祖宗。漸漸地，寒食節便成了拜祭祖先和掃墓的日子了。

　　在唐代，寒食節掃墓成為官方提倡的吉禮之一。在寒食節，皇家祭陵，官府祭孔廟、祭先賢，百姓則上墳祭祖先。當時政府會在過一、兩天之後的「清明」那天，舉行隆重的點燃薪火儀式，並將火種賜給近臣。於是民間掃墓的活動逐漸延後至清明；到了宋代，清明和寒食合而為一，變成了清明掃墓的習俗。

清明掃墓有甚麼習俗呢

　　清明節掃墓的主要活動，除了拜祭之外，應重新描繪墓碑上模糊了的字體和剷除墳頭雜草，加固墳墓。除了掃墓、祭祖，清明節的習俗在中國各地也都有所不同，有些活動源自在日期上相若的「上巳節」的「踏青」。

「踏青」是甚麼意思

　　清明在春分之後，有更多和煦的陽光和濕潤的驟雨，這時春暖花

開，風光明媚。中國人自古已有清明郊遊「踏青」的習俗和各種戶外活動，以迎接春天的來臨。除春遊踏青外，也有插柳（柳樹葉）、植樹、採花、蹴鞠、放風箏、盪鞦韆、拔河、鬥雞等活動。不過，這些活動很多都是玩樂性的，和祭祖沒有關係。

《春遊晚歸圖》

這是宋朝的《春遊晚歸圖》，圖中古人帶備寒食到野外踏青，同時春遊掃墓。

宋《春遊晚歸圖》（局部）

清明「植樹」的習俗是怎麼來的呢

「清明前後，種瓜點豆」。清明時分，氣溫升高，雨量增多，是春耕的好時節，也是樹木發芽長葉的最佳時節。在清明時節植樹，樹木很容易生長，因此很多人會在清明時節植樹造林。

有些地方的習俗是在清明墳上插上柳條。這個時期的楊柳生命力旺盛，枝頭都伸出了翠綠色的長葉。據說，在門前插上一束楊柳，除了有生機勃勃的吉祥意義外，還是人民追求政治清明的表示。

1915 年，中國政府以清明節為「植樹節」。到 1928 年，國民政府為紀念孫中山，改於其忌日 3 月 12 日為植樹節。

重陽節又是怎麼來的呢

重陽節的日子是農曆九月初九。《易經》中以偶數代表「陰」，奇數代表「陽」，「九月初九」有兩個九字，即有兩個陽數，所以又叫重陽，也叫重九。

重陽節大抵是在中秋節和「秋分」後一個月左右（一般在新曆 10 月），這時北方的天氣漸變寒冷，秋收的工作也進行得七七八八了。

春秋時代，古人在收割農作物的時候，會祭天帝、祭祖先，感謝他們的庇祐。到了漢代，出現了在重陽節設宴敬老的習俗；三國、魏晉時期，人們又會在重陽節登高賞菊、設宴飲酒。

天壇位於北京紫禁城東南方，建於明永樂十八年，是明清
兩朝皇帝祭天和祈禱五穀豐收的地方。

重陽節詩詞名句

唐王維《九月九日憶山東兄弟》：

獨在異鄉為異客，每逢佳節倍思親。

遙知兄弟登高處，遍插茱萸少一人。

李清照《醉花陰》：

薄霧濃雲愁永晝，瑞腦銷金獸。佳節又重陽，玉枕紗

廚，半夜涼初透。

東籬把酒黃昏後，有暗香盈袖。莫道不銷魂，簾卷西

風，人比黃花瘦。

為甚麼重陽節要登高和賞菊呢

　　重陽時節，秋高氣爽，是登高的好時節。登高的地點沒有規定，可以登高山、登高樓、或是登高台等。

　　秋天時楓葉由青變紅，很多植物開始落葉，一到冬天，大地便失去青色，所以重陽登山，又叫「辭青」。重陽節「登山辭青」與古人清明節「春遊踏青」相對應。

　　唐朝中期正式將農曆九月初九定為重陽節；明代的皇帝要在重陽節那天親自到萬歲山登高；這一風俗在清代依舊盛行。同時，重陽節有把菊花枝葉貼在門窗上的習俗。在中國，菊花象徵長壽。因為重陽節歷來就有賞菊花的習俗，所以重陽節又稱「菊花節」。

　　重陽時節天氣清朗，秋風初起，還是放紙鳶的好時節呢！

放紙鳶

重陽節的秋天，天高雲淡，紙鳶可輕鬆乘風而上，飛得又高又遠。傳說重陽時放紙鳶，紙鳶高飛亦可以「放晦氣」，有心者甚至會要將線弄斷，讓風箏消失於雲天之外。但也有人說，重陽放紙鳶是在「放吉祥」、「放福氣」，紙鳶飛得越好，則福氣越多，所以千萬不要弄斷絲線，否則「吉祥」和「福氣」便會飄向遠方了。

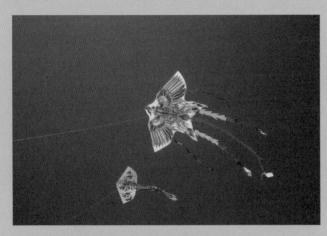

中國傳統紙鳶

重陽節是放風箏的
好時節

重陽敬老的風俗又是何時開始的呢

　　「九」在數字中是最大的，九九重陽，有長久、長壽的意義，所以「農曆九月初九」被認為是祝福老人長壽的好日子。

　　漢代《西京雜記》中的「九月九日，佩茱萸，食蓬餌，飲菊花酒，云令人長壽」說的就是重陽設宴，在宴會上，人們會飲菊花酒，說飲後人會長壽呢！

延年益壽的菊花酒

今天，很多地方都會在重陽節擺敬老宴，如香港不少社區的「千歲宴」，就是例子。

1989 年，中國政府將重陽節那天定為「敬老節」，2013 年又規定為「老年節」。

千叟宴

千叟宴是指邀請叟（老年男子）參與御宴的大型尊老、敬老活動。在清代的康熙和乾隆年間，共舉辦了四次。其中最大型的是乾隆帝遜位給嘉慶帝後所舉辦的，當時參與宴會的 60 歲以上長者有 5,900 多人、100 歲以上的有 10 多人，太上皇乾隆和皇帝嘉慶還為 90 歲以上的長者斟酒呢！

為甚麼清明節要拜祭黃帝？

　　黃帝被尊為中華民族的始祖。據漢代司馬遷《史記》所述：「黃帝崩，葬橋山。」黃帝陵即位於陝西省延安市黃陵縣城北的橋山。

　　漢武帝在公元前 110 年北征匈奴後，曾親率大軍到黃帝陵祭祀；自此以後，橋山一直是歷代王朝舉行祭黃帝之地。

　　今日在通往黃帝陵區的石道邊，有一塊大石，上面寫著「文武官員至此下馬」。靠近陵區有「漢武仙台」，據說就是當年漢武帝前來祭祀黃陵時留下的。進入陵區，東側是碑廊，珍藏了 57 通歷代帝王的祭文石碑；中間是「人文初祖大殿」，是供奉黃帝的正殿；紀念亭內，陳列了近代國家領導人孫中山、蔣介石、毛澤東和鄧小平等題詞的碑石。

　　在每年農曆三月初三清明節期間，在橋山和河南新鄭（相傳是黃帝故都），會有很多民眾前往拜祭黃帝。每年清明節，中國政府都會在黃帝陵祭祀廣場舉行清明公祭典禮。

黃帝陵

為甚麼伏羲和炎帝能享有祭祀大典呢

　　傳說遠古有三皇五帝，燧人氏、伏羲和炎帝位列三皇，和位居五帝之首的黃帝，同被視為「人文初祖」，即他們對中華文明開創之功最大。

　　伏羲氏是三皇之一，相傳他教導民眾捕魚、打獵和馴養家畜，還建立婚嫁禮制、造書契、曆法等，是華夏文明的先祖。相傳他誕生在今天的甘肅省天水市，所以祭伏羲的典禮主要在天水舉行，現在定下來的祭祀日期為農曆正月十五日至正月十七日，一連三日。

　　相傳炎帝神農氏開創農耕文明、發明醫藥、製作陶器等，對後世居功至偉。中國陝西、湖南、山西、河南四個省市都有炎帝陵。在漢、唐時代，祭炎帝的典禮已經很隆重。此後，宋、元、明、清各代祭祀活動從未間斷過。民國之後，祭炎帝一度停止了，到 1982 年後

湖南株洲炎帝陵

逐漸恢復。1989 年湖南株洲炎帝陵重修之後，每年的清明節，或秋季國慶節前後，都有公祭活動。其他地方如陝西、山西、河南、湖北、台灣等地，亦有大型的炎帝祭祀活動。

為甚麼孔子能享有國家級的祭祀呢

孔子在中國文化思想史上的地位最重要，被譽為「至聖先師」。

公元前 478 年是孔子去世後翌年，魯哀公在今山東曲阜孔子舊宅立廟，孔子生前所住的三間房屋改成壽堂，陳列孔子生前的生活用品，並按歲時祭祀，祭孔即由此開始。

皇帝祭孔則由漢高祖開始，後來漢武帝獨尊儒術，皇帝每年均會祭孔，規模也逐步提升，到明、清時期達到頂峰。清代順治帝定都北京，在京師國子監立文廟，內有「大成殿」，專門舉行一年一度的祭孔大典，並尊孔子為「大成至聖文宣先師」，祀禮規格進為「上祀」，拜祭時皇帝要行「三拜九叩」大禮。

在近代，祭孔在內地曾被視為封建迷信活動而禁止，1984 年曲阜孔廟恢復民間祭孔，此後其他地區亦陸續有祭孔的活動。曲阜的祭孔典禮會舉行大型廟堂樂舞活動，稱「丁祭樂舞」或「大成樂舞」，於每年農曆八月二十七日孔子誕辰時舉行。連續多天，儀式隆重。

開封市政府在 2014 年建造客家源文化廣場，包括開封文廟文化廣場、客家文化主題廣場和珠璣巷文化商業街區三個主要板塊，其中廣場中央有一座孔子銅像，以弘揚儒家文化。

第 6 課

紀念日

　　上文為大家介紹的都是中國源遠流長的重要傳統節令。這一課要談的，是一些和中國近代史相關的全國性節日和紀念日，其中「十一」國慶和辛亥革命紀念日是中國百多年來革命建國歷史的最重要里程碑，另外有中國青年節和好幾個與 20 世紀中國抗日戰爭相關的重大日子，我們都要好好認識。

　　最後會介紹兩個國際性的節日 —— 婦女節和勞動節。

「十一」國慶是何時開始的呢

　　中國現在的國號是中華人民共和國，那是 1949 年 10 月 1 日在北

河北邢台柏鄉縣舉辦緬懷當地抗日英雄活動，並向紀念碑獻花圈。

京建立的「新中國」，當日天安門廣場舉行了「開國大典」；以後，每年 10 月 1 日便是國慶日，在內地 10 月 1 至 3 日都是國慶假期。

中華人民共和國的成立，是經過中國共產黨 28 年的革命奮鬥而成。中國共產黨 1921 年成立的時候，我國陷於內憂、外患已百多年，當時國人正為民族復興而努力，共產黨是其中一股新興的革命力量，它曾經和歷史更悠久的中國國民黨合作，包括共同抗日；不過，兩個政黨有很多分歧，最後共產黨在和國民黨的內戰中取得了勝利，在中國大陸建立了新國家，國民黨的政權退守台灣。

國家怎樣慶祝國慶節

1950 年 10 月 1 日，中華人民共和國第一屆國慶節慶祝大會在天

安門廣場舉行。之後，每年都會有不同規模的紀念活動，包括閱兵等，最近一次較隆重的是 2019 年建國 70 周年的第七次大閱兵。現在每年國慶日，國家都會舉辦「國慶招待會」，同時向位於天安門廣場的「人民英雄紀念碑」敬獻花籃。

「辛亥革命紀念日」是怎樣來的呢

每年 10 月 10 日是「辛亥革命紀念日」，亦稱「雙十節」和「武昌起義紀念日」。1911 年 10 月 10 日晚上，由中國同盟會等革命力量組織的「武昌起義」爆發，成立中華民國湖北軍政府；之後全國各地相繼響應，不到兩個月，全國有 10 多省宣佈獨立。12 月 29 日，17 省的代表在南京選舉孫中山先生為臨時大總統，並於 1912 年 1 月 1 日成立中華民國臨時政府，通過《臨時約法》。1912 年 2 月 12 日清

在天安門廣場上
慶祝國慶節

9

宣統帝宣告退位，結束了滿清 268 年的統治和中國幾千年的帝制。中華民國是亞洲成功誕生的第一個共和國，雙十節在國民黨統治大陸的時代是國慶日，至 1949 年之後為「十一」國慶取代。

甚麼是「中國青年節」？

5 月 4 日是「中國青年節」，又稱「五四青年節」，是為紀念 1919 年 5 月 4 日爆發的「五四運動」而設立的。

五四運動是當年一個極有意義和規模很大的愛國運動，最初由北京大學的學生發起，為抗議一次大戰後的「巴黎和會」西方國家不公平地支持日本奪取中國青島地區等權益。五四運動當時漫延全國各地各界，影響了好幾代的中國人，也推動了中國的革命和民族復興運動。

1949 年，中華人民共和國政府宣布 5 月 4 日為「中國青年節」。

五四紀念雕塑

中國的抗日戰爭有哪些重要的紀念日 ？

　　日本自 1870 年代便開始對中國進行侵略，1894 至 1895 年中國在「甲午戰爭」戰敗，簽定了喪權辱國的《馬關條約》；1914 至 1918 年世界一次大戰期間及之後，日本擴大了對我國的侵略，1931 年 9 月 18 日先掠奪了東北三省，1937 年 7 月 7 日雙方軍隊在北平（北京）發生衝突，史稱「蘆溝橋事變」，自此中國奮起全面抗戰，歷 8 年至 1945 年取得勝利；日本在該年 8 月 15 日無條件投降，9 月 3 日正式簽訂降書。

　　中國抗日的重大紀念日，包括起自 1931 年的「九一八」紀念日、1937 年的「七七」紀念日、1945 年的「八一五」和「九三」的勝利紀念日。此外，1937 年 12 月日本在南京進行持續七周的大屠殺，又在 1938 至 1944 年間，對中國陪都重慶進行了六年半的大轟炸。中國政府現時以 12 月 13 日和 6 月 5 日分定為南京大屠殺和重慶大轟炸紀念日。

　　對日抗戰是中國民族復興運動的偉大史詩，充份反映了國人所經歷過的屈辱、苦難，並在奮鬥中取得勝利，我們都不應忘記。

　　香港地區亦因抗日戰爭勝利而有「重光紀念日」。

哪一天是香港重光紀念日 ？

　　1941 年 12 月 8 日，日本發動太平洋戰爭，突襲美國在夏威夷的海軍基地珍珠港。數小時後，攻打香港和東南亞多個國家。12 月 25

侵華日軍南京大屠殺遇難同胞紀念館舉行 70 周年紀念活動

日，香港總督向日本投降。日軍進駐香港後，虐殺平民和戰俘、強迫使用日文、把主要街道和地區更換為日式名稱，以及強迫市民把港幣兌換「軍票」等。香港經歷了「三年零八個月」的苦難，人民生命、民生及經濟飽受摧殘。

日本戰敗後，中國軍隊首先收復香港，其後英國海軍在 8 月 30 日抵達，恢復統治，之後殖民地政府以 8 月 30 日為「香港重光日」。

為甚麼要慶祝婦女節和勞動節

這兩個節日都標誌著近世人類社會對婦女和勞動者地位及權益的重視。

每年的 3 月 8 日是國際婦女節，中國稱為「三八」國際婦女節，這是為了紀念近世婦女的權利運動，也慶祝婦女在經濟、政治和社會等領域做出的重要貢獻。1924 年廣州首度公開慶祝三八國際婦女節，1949 年後中國政府正式將 3 月 8 日定為婦女節。在很多國家，這天也是法定假期。

　　勞動節發源於 1886 年的美國。1949 年，中國政府確定 5 月 1 日為「五一勞動節」假期，1999 年定之為七天的「黃金周」假期，2008 年起改為三天。香港自 1999 年起亦把 5 月 1 日列為「五一國際勞動節」法定假期。同樣的，許多國家亦以 5 月 1 日為「國際勞動節」法定假日。

五一勞動節是國際性節日，每個國家都會在這天慶祝工人的辛勞。

第 7 課

舞獅和舞龍

　　中國習俗多不勝數，在此最後一課，我們談談中國最普遍的兩種跨節令習俗 —— 舞獅和舞龍。

　　龍是中華民族的象徵，其歷史悠久，最早的龍圖騰可追溯至5,000 至 8,000 年前，很多地方都有考古發現；到二、三千年前的商、周時代，龍紋飾已十分流行，成為「吉祥」和「力量」的象徵，之後又成為皇權的象徵。中國人自稱「龍的傳人」，在各種物品上都會有龍形圖案或雕刻，在各種典禮和吉慶喜事中，龍不可或缺，「舞龍」的習俗即由此而來。

　　獅子的歷史和龍不同。漢之前，中國人根本不認識獅子，漢武帝時派遣張騫出使西域，即今日的新疆和中亞一帶，獅子其後由西域

明代綠釉龍紋脊吻

龍紋青銅鼎

「傳入」中國，並隨著佛教的興起而被大家所重視。傳說佛祖釋迦牟尼的「護法」之一的文殊菩薩是騎獅子的，人們於是認為獅子可以僻邪，便在宮廟前、欄杆、橋頭等地方，設置石獅；又模仿獅子的動態，創作出獅舞，民間稱之為舞獅或「醒獅」。

今天，舞龍和舞獅文化已經遍及全中國各民族和各地方、以至東南亞及世界各個華人社群。兩者比較，又以醒獅更為普遍，因其所需的人力和物資不多。

我們就從醒獅的習俗說起。

山西大同古城善化寺文殊閣內的文殊菩薩像，正坐在一頭獅子上。

舞獅是怎樣興起的

據史書所記，唐代宮廷已有獅子舞，並漸漸進入民間。到了清代，宮廷內舞獅十分興盛，因為乾隆皇帝相信獅子是神獸；據說他在訓練軍隊時，要士兵練習舞獅；又在朝廷祭典中加入獅子舞。當將士被派到各地方駐守時，便把舞獅一同傳到各地，舞獅在民間便廣泛流行了。

舞獅大致可分「文獅」和「武獅」，以及「北獅」和「南獅」。

文獅和武獅有甚麼分別

文獅著重扮演獅子平日生活中的神態和動作，如擒球、戲球、舔毛、搔癢、打滾、洗耳、打磕睡等，活潑而有趣，為了引來觀眾的歡笑聲。

武獅著重表現獅子的威猛，運用武術的技巧和功夫，做出騰、閃、躍、撲、登高等動作，目的是引來觀眾的喝采聲。

在表演中，文獅當然也要有威猛的形象，武獅亦會剛中有柔。表演舞獅的都要有非常扎實的武術功夫底子。

北獅和南獅又有甚麼不同

北獅造型酷似真獅。今天的北獅獅頭由玻璃纖維或木頭製造，獅身披上金黃、橙、紅色的毛，看上去十足一頭獅子。表演時，北獅一

山東南北舞獅

般是雌雄成對出現，獅頭上有紅結者為雄獅，有綠結者為雌性，紅男綠女，大家不要弄錯；有時一對北獅會配一對小北獅，盡顯天倫。北獅會由身穿傳統服飾的人帶領，手拿綁有彩帶的獅球引領下舞動，以表演武獅為主。

　　南獅又稱廣東獅，造型威猛，舞動時注重功架，主要是靠舞者的動作表現出獅子神態，一般只會一頭獅子單獨表演，以表演文獅為主。農曆新年時，南獅會在鑼、鼓、鈸配樂中出動，由手執葵扇的「大頭佛」帶領，到商戶或人家門前表演，最受人歡迎的表演是「採青」。

「採青」是甚麼表演

　　採青是把生菜及紅包用繩子吊在室內或門前高處，讓獅子在「青」

前舞數回後，攀上高處，把青菜「吃」掉，再把生菜「咬碎吐出」，其寓意是向主家致意「生財」成功。

採青難度高，常由多人扶著一條竹杆，讓獅子爬上高處採青。過程中，舞獅頭和舞獅尾的二人要緊密配合，不然就會在高處跌下來。到獅子成功採得「青」時，會放炮竹表示慶賀。從前，除了節日，店舖開張時，請醒獅採青是必備項目，今日也常見於各種重要的啟動儀式，如奠基、揭幕等。

難度最高的舞獅表演是「高樁」跳躍。

獅子站在高高的樁子上，難度極高。

高樁舞獅是甚麼

　　高樁武獅是由獅頭和獅尾組成的單獅在長 10 至 14 米、高 0.8 至 3 米的樁陣上，運用各種步形步法演繹獅子的八態（喜、怒、哀、樂、動、靜、驚、疑），危險性很高，尤以大堆頭的「梅花樁」表演為然。

雲頂世界獅王爭霸賽

馬來西亞自 1994 年開始，每兩年舉辦一次的「雲頂世界獅王爭霸賽」，是世界性的醒獅大賽，每一屆都吸引世界各地的好手參與。

Genting World Lion Dance Championship 2018 (Final)@Arena of Stars - 22 July 2018 (Photo by Leong A C/Sports Event Photos)

2018 年的雲頂世界獅王爭霸賽
（圖片來源 :sportseventphotos/Leong AC.）

舞龍的歷史比舞獅早 ？

根據記載，中國人在商代已經在祭典中以龍祈雨。中國人認為龍可飛天，亦藏於大海，有呼風喚雨的巨大能量。

舞龍的習俗是從漢代開始的，在全國各地發展出多姿多采的各種形式，大致言之，最主要的有「布龍」、「燈籠龍」、「香火龍」等，而每一種形式亦有很多變化，各地不同，盡顯地方色彩，如在香港就有著名的「大坑舞火龍」。

舞龍和舞獅不同，每次舞龍都要動用很多人力、物力，舞龍的成員可達百多人，場地要足夠讓龍舞動，還要有容納觀眾的更大空間。

你聽過布龍嗎 ？

顧名思義，布龍以布為主要原料，多為彩色，配以竹、木等輔助材料，體形龐大，逼真而威武。舞布龍主要在白天表演，不點燃蠟燭。龍身長 20 米以上，最長的可以有 1,000 米。

布龍表演時，舞龍隊員運用滾、翻、伸、跳等全身動作，舞出龍騰雲駕霧、翻江倒海的動態。舞龍時會有音樂伴奏，節奏運用或緩慢、或激越、或如夜雨定葉、或如微風搖曳，描繪出龍由靜到動，由開始、高潮，到結尾全過程。

布龍也有南、北之分，南布龍是廣東、廣西、香港、澳門和東南亞一帶發展出來的舞龍形式；龍身比較重，龍頭比較大，動作沒有北龍般靈活。

北布龍盛行於長江以北一帶，比較細小輕巧，方便舞出較靈活的動作。

　　其實各地方的布龍亦有不同的風格和特色，例如浙江的瑞安和奉化、廣東陽江的布龍都很有名，這裡就不詳述了。

山東棗莊的布龍表演

廣東佛山的布龍表演

甚麼是燈籠龍？

　　燈籠龍有龍燈，主要在晚上表演，多由篾竹紮成龍首、龍身、龍尾，上面糊紙，再畫上色彩。龍身有許多節，點燃蠟燭或桐油，龍燈舞動時五光十色。有的地方鬧元宵，各路龍燈匯集可達百餘條，還伴有鑼鼓等，甚為壯觀。

　　少數民族的土家族、畬族等的舞龍燈亦非常有特色，這裡也不詳述了。

上海燈籠龍

廈門燈籠龍

你看過香火龍嗎 ?

香火龍也是在晚上表演，主要是用煙香點亮。香港大坑中秋的「舞火龍」可算是其中的一種。

大坑舞火龍時，火龍身上插滿線香，由多人用長竹支撐著，由二人各舉著一個插滿線香的柚子，走在火龍的前面頭，在鼓聲和音樂下，從銅鑼灣的浣紗街引領火龍穿過大街小巷，再回出發點。這時，會把火龍身上燒剩的香拔出，分派給圍觀的市民；之後重新插香，繼續表演，儀式分為「火龍過橋」和「火龍纏雙柱」等，舞至晚上10 時左右。自 2010 年起，在中秋當晚 10 時左右，火龍會舞至鄰近的維多利亞公園的「中秋綵燈會」，加插「綵燈火龍結團圓」部分。

從前，節日完畢後，會把火龍拋下銅鑼灣避風塘的海底，以示「龍歸天」，近年為免污染海水，便用貨車送到焚化爐，作「飛龍在天」。

大坑舞火龍

大坑的火龍全長 67 米，分成 32 節。從前用稻草捆在麻繩造的龍骨上，造成龍身，現在用珍珠草造龍身；用藤條屈曲造成龍頭的骨架；用鋸齒的鐵片造成龍牙；手電筒造雙眼；用漆紅木片造舌頭。

大坑舞火龍被列入國家級非物質文化遺產名錄，已有百多年歷史。

　　中國的節慶習俗豐富多元，又具地方色彩，不過也有共通性，既重視遠祖近親關係，也與生活息息相關。

照片提供：Shutterstock、匯圖網

主編	陸人龍
設計	黃詠詩

三聯書店
http://jointpublishing.com

JPBooks.Plus
http://jp.books.plus

叢書	認識中國
書名	節日和習俗
作者	陸人龍、鄧少冰
出版	三聯書店（香港）有限公司
	香港北角英皇道 499 號北角工業大廈 20 樓
	20/F., North Point Industrial Building,
	499 King's Road, Hong Kong
印刷	美雅印刷製本有限公司
	香港九龍觀塘榮業街 6 號 4 樓 A 座
發行	香港聯合書刊物流有限公司
	香港新界荃灣德士古道 220-248 號 16 樓
版次	2023 年 12 月第一版第一次印刷
規格	16 開（170 毫米 x 230 毫米）112 面
國際書號	ISBN 978-962-04-4755-6

秋

蟋蟀在秋天是最活躍的昆蟲，牠們會破壞農作物，因此古人有焚田殺蟲的習俗。

蟋蟀 ——

火焰 ——

冬

本義是「終」，像一條繩子的兩頭打上了結，表示「完結」、「終結」，後解作「冬天」之意。

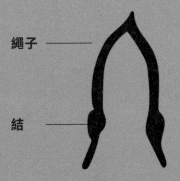

繩子 ——

結 ——

春節是「百節之首」，我們就從中國人過春節的習俗開始吧。

春

「屯」表現種子破土萌芽之象，加上
春草和太陽，即有生氣勃勃之意。

草 ——
日 ——
屯 ——
草 ——

夏

字形像人形而突出頭部，像一人在
日下，舉頭見日，表示天氣酷熱。

頁（頭）—
手 ——
腳 ——

　　每個節令都有特別的習俗，而一些習俗則是跨越節令的，如舞獅
和舞龍，還有不少和宗教信仰有關的節日，這本書就不介紹了。

導讀

　　每個人都是在自己的民族和國家節日中成長的，中國人和華人也一樣，並通過節日建立自己的民族和國家認同。

　　世界各地都有自己的節日和習俗，成為一個國家、民族的重要標誌。節日的類別很多，有普天同慶的節慶，也有具紀念性質的紀念日，我們可以從這些不同節日的來歷去了解它的意義。

　　中國的傳統節日大都有很悠久的歷史，可追溯至二、三千年前的夏、商、周，以及秦、漢等朝代，並在唐、宋期間成形；其中不少和四季的變化有關，如春節、清明、中秋、重陽、冬至等，所以又叫「節令」，即是和「節氣時令」相關的重要日子。古人上觀天象，看到大自然是「循環」不息的，日出日落、月缺月圓，以至「春、夏、秋、冬」四季的天氣變化和花草枯榮，皆周而復始，這些都是大自然運行的規律，因此我們可以透過中國傳統的節日，學到很多天文和曆法知識。

　　這些節令活動，大都是透過家庭生活而進行的，中國人稱之為「過節」；另外的一些節日，則是由政府主持的，如國慶和一些紀念日。兩者都會成為我們成長中的生命印記。

　　中國人是一個非常重視節令的民族，儘管環境如何惡劣或困難，如遇上戰爭、動亂和天災等，都無阻人們對過節的堅持。該有的傳統還是有，過節的食物也盡可能齊備。這不但是為繼承傳統，也包含著對未來的寄望，反映了中國人的樂觀精神和延續生命的韌性。

目錄

導讀   006

第一課　由冬至到新年   010

第二課　多姿多采的情人節   030

第三課　中秋慶團圓   052

第四課　端午扒龍舟   064

第五課　慎終追遠的清明節和重陽節   078

第六課　紀念日   092

第七課　舞獅和舞龍   100

效果，冀能將知識性和趣味性兩者結合起來。

　　已故錢穆先生於 1939 年中國對日抗戰期間，撰寫《國史大綱》，稱國人應抱著「溫情與敬意」的態度去讀國史，本叢書的編撰亦秉承這一態度，並期望學校的老師們會將這種精神傳播宏揚。

編者的話

　　這套「認識中國」叢書是為小學生和中學生而寫的輔助讀物。中國是世界最大和最重要的國家之一，亦是唯一擁有五千年輝煌文明的古國，因此，中國人都應該知道和了解自己國家的疆土地理、歷史人文，以至今日的發展概況；而任何人若關心世界和人類的前途，亦都必須認識中國。作為小學和中學生的讀物，我們希望這套叢書在國民教育、通識教育和道德教育等方面，都能有所助益。

　　這叢書不屬現時學校課程的教科書，其撰寫沒有依從一般學校分科的課程結構，亦試圖打破一般教科書和學術性著述講求主題分明、綱目嚴謹、資料完整的寫作習慣。

　　叢書從介紹中國的地理山河開始，以歷史的演變為主軸，打通古今，以文化的累積為內容，將各種課題及其相關資料自由組合，以「談天說地」的方式講故事，尤重「概念性」的介紹和論述，希望能使學生對各課題的重要性和意義產生感覺，並主動地追求更多的相關資訊和知識。每冊書的「導讀」和其中每一課開首的引子，都是這種編寫方式的嘗試。

　　本叢書還盡可能將兒童和青少年可觸及的生活體驗引進各課題的討論中，又盡可能用啟發式的問答以達到更佳的教與學

節日
和習俗

鄧少冰　陸人龍　著